NOTICE

SUR

LE PÈRE TRIGAULT,

MISSIONNAIRE EN CHINE (1577 A 1628),

PAR L'ABBÉ C. DEHAISNES,

MEMBRE DE LA SOCIÉTÉ D'AGRICULTURE, SCIENCES ET ARTS DE DOUAI.

Parmi les hommes célèbres qui ont illustré la ville de Douai, il n'en est guère qui soient aussi peu connus que le père Trigault, religieux de la Compagnie de Jésus et l'un des premiers apôtres de la Chine; il a fait connaître cette contrée à l'Europe et a préparé, par d'importantes études sur la langue chinoise, les grands travaux qu'ont publiés les jésuites du XVIIe et du XVIIIe siècle, et les savants sinologues de nos jours. Les *Lettres édifiantes,* recueil qui ne commence qu'après sa mort, ne nous donnent rien sur la vie et sur les œuvres de ce missionnaire; et les auteurs qui ont parlé de lui se sont contentés de traduire, avec peu ou point de changements, les quelques pages que lui consacre la *Bibliothèque de la Compagnie de Jésus.* Ayant eu la bonne fortune de retrouver les ouvrages, devenus aujourd'hui très-rares, du père Trigault, ainsi que plusieurs lettres et documents encore inédits, nous avons pu le suivre pas à pas dans sa carrière et écrire sa vie.

Lire ce travail en entier, ce serait abuser de votre temps et de votre bienveillance; je vous en donnerai le résumé, en m'étendant sur les passages qui seront de nature à vous faire mieux connaître l'homme, le missionnaire, l'écrivain, le savant.

Nicolas Trigault naquit à Douai, le 3 mars 1577, de Jean Trigault, mégissier, et de Marie Leriche, issus tous deux de familles appartenant à la bourgeoisie marchande de cette cité. En 1585, il commença ses études au collége d'Anchin, alors confié à la direction des jésuites, et il avait à peine dix-sept ans quand, après son cours de philosophie, il fut reçu licencié ès arts à la Faculté de Douai; quelques mois plus tard, le 22 novembre 1594, à l'exemple de plusieurs autres jeunes Douaisiens, il entrait dans l'ordre fondé cinquante ans auparavant par saint Ignace de Loyola. Après un noviciat de deux ans, passé en grande partie dans la résidence de Tournay, il étudia et professa, avec beaucoup de succès, dans le collége de Lille, puis dans celui de Gand, où il enseigna la rhétorique [1].

Mais il se sentait appelé à une autre vie. Durant les premières années du xviie siècle, il avait étudié tout ce que devait connaître un missionnaire envoyé dans les Indes orientales, l'italien, le portugais et le hollandais, la géographie, l'astronomie, les mathématiques et la médecine. A plusieurs reprises il avait manifesté à ses supérieurs la vocation qui le poussait à marcher sur les traces de saint François Xavier; mais comme il était, ainsi qu'il le dit lui-même, *pulmonique et demy-mort,* l'on tarda à lui accorder la permission qu'il sollicitait; elle lui fut enfin donnée au commencement de l'année 1606. Le 21 avril il quitta sa cité natale, sa famille et ses amis, et partit pour le Portugal, seul, à pied, portant sur le dos un sac qui contenait son bagage de voyageur [2]. Il mit peu de temps pour arriver au terme de sa course, car il s'embarqua pour Goa au mois de février 1607, et il avait eu le temps, dans l'intervalle, d'écrire, d'après des documents conservés dans le couvent de Coïmbre, la vie du père Gaspard Barzée, ouvrage qui ne contient pas moins de 338 pages.

La longue lettre dans laquelle il décrit sa traversée renferme un grand nombre de passages pleins d'intérêt qui permettent d'apprécier le caractère, les connaissances, le style, du père Trigault. Nous n'en citerons qu'un fragment, l'arrivée à Goa.

---

[1] *Album novitiorum domus probationis Tornacensis ab anno 1528.* Mss. de la bibliothèque de Bourgogne. Ann. 1594, 1598.

[2] Buzelin, *Gallo-Flandria,* p. 18; *Annales Gallo-Flandriæ,* p. 623. — Patrignani, *Menologio d'alcuni religiosi della Compania di Jesu.* Venezia, 1730, t. IV, p. 105.

« Le huitiesme d'octobre, nous descouvrismes les Indes, que
« nous avions recherchez par un si long et difficile chemin. Or
« ce que vous voyez le premier sont des rochers que les Portu-
« gais appellent, à raison de leur sécheresse, roches bruslées.....
« et le jour ensuivant, levant les anchres à la diane, nous haus-
« sons les voiles droit à Goa, où nous fusmes tout aussi tost en-
« vironnez d'un monde de petits batteaux remplis de Portugais et
« d'Indiens, les uns pour nous bienveigner, les autres pour leurs
« affaires, quelques-uns pour gagner, nous apportant des viandes,
« des fruicts, du vin et autres rafraischissemens de terre ferme. Le
« père provincial estoit pour lors près de la mer, et il envoie son
« compagnon au navire pour sçavoir si nous n'y estions point. Le
« père vint à nostre bord environ la mi-nuit, et ainsi nous estions
« encore avec luy, devisans, comme vous sçavez, familièrement et
« doucement par ensemble, voilà qu'à trois heures du matin le
« batteau qui nous devoit porter à terre arriva, et sans que nous
« pensassions à rien ils nous saluèrent, comme ils ont accous-
« tumé de faire tous les Européens qui viennent pour estendre le
« royaume de Dieu et prescher l'Évangile, d'un concert de mu-
« sique et d'un motet très-doux et harmonieux, allant tout autour
« du navire, chantant mélodieusement. Après cela un jeune en-
« fant commença à entonner d'une voix très-belle et très-agréable
« *Benedictus qui venit in nomine Domini;* le chœur lui respondit tout
« aussi tost en musique, et chantèrent comme cela assez long-
« temps. Ce fait, nos Pères et Frères, qui estoient venus dans le
« batteau bien une trentaine, montent à bord, et Dieu sçait comme
« ils nous accolèrent estroitement et amoureusement; les larmes
« leur couloient des yeux, grosses comme des pois, de joye et de
« plaisir qu'ils avoient de nous voir. Je vous laisse à penser ce que
« nous devions faire nous autres... Pleust à Dieu que vous sceus-
« siez, mes frères très chers et bien aimez, quel plaisir et quelle
« joye est que d'arriver au port après une si longue et fascheuse
« navigation, et recevoir le doux accueil, les amiables embrasse-
« mens et les congratulations que nous firent nos Pères et Frères.
« Je pensois et disois lors en moi-même : Bon Dieu ! hé quel con-
« tentement sera-ce donc quand, après le voyage et la navigation

« de cette vie chétive et misérable, tu viendras, ô mon âme, surgir
« au port d'un salut éternel [1] ! »

Je ne sais si je me trompe, mais il me semble que si l'auteur
du *Génie du christianisme* avait connu ces lignes si pleines d'intérêt, de poésie et de foi, il les aurait reproduites dans les cha-
pitres qu'il a consacrés aux missions.

La ville de Goa et les autres chrétientés de l'Inde entendirent
la voix du père Trigault durant deux à trois ans ; c'est là aussi
qu'il mit la dernière main à son ouvrage sur le missionnaire hollandais Gaspard Barzée ; et, en tête de ce livre, il plaça une curieuse pièce de vers latins dont toutes les strophes commencent
par ce vers adressé à celui dont il racontait la vie :

I, Gaspar, patrios revise Belgas.
Gaspard, allez revoir la Flandre notre patrie [2].

Exilé sur les rivages barbares du Pont-Euxin, Ovide enviait ainsi
à son livre le bonheur de retourner dans la terre natale.

Le père Trigault allait s'en éloigner plus encore ; vers le milieu
de l'année 1610, il partit pour la Chine, mission dans laquelle,
depuis longtemps, il désirait être envoyé. Il y avait seulement
vingt-huit ans que le père Ricci, suivi de quelques jésuites,
avait pénétré dans le Céleste Empire ; et l'on n'y comptait encore
que onze prêtres européens. Revêtant le costume des Chinois, le
missionnaire douaisien parvint à tromper la vigilance inquiète
des soldats chargés d'interdire l'entrée du pays à tout étranger ;
et un voyage de deux à trois cents lieues, fait dans une mauvaise
jonque, marqué par un naufrage et la perte de tous les bagages,
le conduisit à Nanking, la seconde capitale, la ville littéraire de
l'empire, où il étudia la langue des peuples qu'il venait évangé-

---

[1] *Copie de la lettre du R. P. Nicolas Trigault, Douaysien, escrite au R. P. François Fleuron et datée de Goa en l'Inde orientale, la veille de Noël, 1607. A* Paris, chez
Claude Chapelet, 1609.

[2] *Vita Gasparis Barzæi... auctore P. Nic. Trigault. Antuerpiæ, 1610. — La vie
du P. Gaspar Barzée, Zélandois, traduicte du latin du R. P. Nicolas Trigault* par
D. F. D. R. T. (D. Floride de Ricquebourg-Trigault, neveu du missionnaire.)
Douai, 1615. Nous n'avons trouvé la pièce de vers en question que dans cette
traduction.

liser [1]. Ses progrès furent si rapides que, deux mois plus tard, il était envoyé à Han-Keou, avec un autre religieux, pour fonder une chrétienté nouvelle. Les relations du missionnaire douaisien offrent des descriptions de villes et de paysages, des récits de voyage et divers incidents pleins d'intérêt; sur cette première mission, nous nous bornerons à raconter ici, en la traduisant presque textuellement des lettres du père Trigault, la conversion d'un mandarin. Parmi les lettrés que la renommée des prêtres de l'Occident avait attirés, l'on remarquait le mandarin de premier ordre Yâng. Parvenu aux honneurs les plus grands, plusieurs fois président des examens pour le doctorat et mandarin inspecteur des provinces, Yâng était rentré dans sa cité natale à cause de la mort de ses parents. Longtemps il s'était demandé quel pouvait être le vrai Dieu, et, ne pouvant le connaître par ses propres lumières ni par celles des philosophes chinois, il avait pris la résolution de pratiquer les vertus qui, selon lui, pouvaient plaire à cette divinité inconnue. Dès son premier entretien avec les missionnaires, il lui sembla entrevoir l'aurore de la vérité céleste : aussi quand, dans la visite que ceux-ci lui rendirent, il eut appris qu'ils cherchaient à louer ou à acheter une habitation où l'on pourrait les voir plus facilement que dans la première résidence qu'ils s'étaient choisie, il leur offrit immédiatement une des maisons de campagne qu'il possédait en dehors de la première enceinte de Han-Keou. D'après les conseils du mandarin chrétien Léon, les deux jésuites acceptèrent, et, au mois de juin, ils firent transporter tout ce qu'ils possédaient dans cette nouvelle résidence.

Esprit subtil et raisonneur, avide de connaître, comme tous les lettrés chinois, le docteur Yâng entama aussitôt, avec les prêtres européens, les discussions les plus sérieuses et les plus longues; les recevant à sa table ou allant s'asseoir à la leur, il prolongeait les entretiens jusqu'au milieu de la nuit, ne cessant d'écouter, ne cessant d'interroger; tantôt vif et pressant dans son argumentation, tantôt fin et ironique, toujours habile et érudit, il approfondissait, jusque dans leurs détails, les questions les plus impor-

---

[1] *Litteræ S. J. e regno Sinarum, annorum 1610 et 1611, a R. P. Nicolao Trigaultio conscriptæ.* Antuerpiæ, 1615. P. 14 et 15, 223 à 225.

tantes de la philosophie et de la religion. Les réponses des Pères faisaient peu à peu pénétrer la lumière de la vérité dans cette âme si belle, si grande et si simple; mais il lui paraissait impossible d'admettre plusieurs des vérités qui lui étaient proposées. Parmi celles qui suscitèrent les plus longues discussions, le père Trigault cite la mort du Christ, sur la croix, entre deux voleurs, la résurrection des corps, et l'interdiction de la polygamie. Il ne pouvait concevoir que Dieu, en descendant sur la terre, se fût soumis à périr sur un gibet, et eût ainsi donné de lui-même une idée si petite à ceux qu'il venait évangéliser; il finit néanmoins par avouer qu'il n'avait fallu rien moins que l'abaissement infini d'un Dieu pour effacer la faute infinie commise par les hommes, et que ce grand exemple d'humilité et de souffrances était nécessaire pour déterminer le monde à renoncer aux passions mauvaises qui avaient envahi la société tout entière. Quant à la résurrection des corps, il refusait de l'admettre, parce que, selon lui, les jouissances célestes devant être immatérielles, le corps ne devait y participer en rien; mais il finit encore par comprendre que les corps, qui avaient eu leur influence dans le mérite et le démérite de l'homme, en le poussant au vice et à la vertu, devaient aussi être punis et récompensés dans la vie éternelle, et que celui qui les avait créés, non-seulement pouvait, mais même devait les ressusciter un jour et pour l'éternité. Quand ces grands problèmes et plusieurs autres dont parle le père Trigault eurent été agités et résolus dans des discussions qui durèrent un grand nombre de jours, le docteur Yâng déclara qu'il était disposé à s'avouer publiquement disciple de la religion nouvelle; mais il demandait qu'au moins pour lui, mandarin du premier ordre, la polygamie ne fût pas interdite; qu'on l'autorisât à conserver, d'après les mœurs de la Chine, outre son épouse légitime, une femme qui vivait dans sa demeure depuis plusieurs années, et dont il avait un fils. A son grand étonnement, les Pères lui répondirent qu'ils ne pouvaient rien changer à la morale de l'Évangile, et que, malgré le désir qu'ils avaient de voir figurer parmi les chrétiens un lettré aussi savant et aussi renommé, ils n'accorderaient jamais cette autorisation. Le docteur Yâng s'adressa au chrétien Léon Lig-

Osun, et celui-ci ne fut pas moins inflexible dans sa réponse. Ce fut précisément cette rigidité qui détermina la conversion. Voyant qu'on ne voulait se relâcher en rien de la sévérité des préceptes de l'Évangile, même pour un personnage de son rang, il se dit que la doctrine nouvelle était supérieure aux doctrines humaines, et, subitement touché par la grâce, il s'écria : « Oui, oui, tout cela est « divin ; je reconnais là le vrai Dieu ! » et il demanda à faire partie des catéchumènes, promettant de briser tous les liens qui l'attachaient à la religion de ses ancêtres et des lettrés. Lorsqu'il fut admis à recevoir le baptême, il se présenta revêtu des insignes de la haute magistrature qu'il avait exercée ; on lui donna le nom de Michel, dans l'espoir que, comme l'archange qui était le patron de la nouvelle résidence, il détruirait dans l'empire chinois le règne de Satan [1].

Envoyé de Han-Keou à Péking, où il eut l'insigne honneur de saluer le trône du Fils du Ciel, puis à Canton, afin d'introduire d'autres missionnaires, parmi lesquels se trouvait le Douaisien Pierre de Spira, le père Trigault reçut, en 1611, la mission d'écrire l'histoire de la chrétienté nouvelle, de traduire et de compléter les ouvrages laissés par le père Ricci ; et il s'occupait de ces travaux littéraires en se perfectionnant dans la langue, l'écriture, l'histoire et la littérature des Chinois, quand, à la fin de l'année 1612, le supérieur des Jésuites de la Chine le chargea d'aller exposer au Souverain Pontife et à l'Europe la situation de la mission, et de réclamer les hommes, les secours dont on avait besoin [2].

C'est avec douleur que le missionnaire douaisien reçut cet ordre : il n'y avait que deux ans qu'il était entré en Chine, il commençait seulement à parler assez facilement la langue pour annoncer la foi aux idolâtres, pour qui il avait traversé les mers, et il lui fallait quitter cette terre, qui était pour lui une seconde patrie. Mais, comme il le dit lui-même, son supérieur avait parlé, et cette voix était pour lui la voix du ciel. Il part, et, trompant encore la vigilance des gardes chargés surtout d'empêcher les étrangers de

---

[1] Trigault, *Litteræ sinenses* (1611), p. 184 à 190.
[2] *Id. ibid.* (1611), p. 192 à 195.

sortir de l'empire, il arrive à Macao. Un navire le transporte à Cochin; et là, poussé par le désir de suivre une route inconnue aux autres membres de la Compagnie, il débarque et fait cent vingt lieues seul, à pied, à travers des jungles peuplées de bêtes féroces et des populations hostiles [1].

Dans cette ville si commerçante de Goa, où il était arrivé au mois d'avril 1613, il espérait trouver des navires en partance pour l'Europe; mais l'époque habituelle du départ était passée. Il se décida à suivre une voie plus directe en traversant l'Asie, de l'Indoustan à la Méditerranée. L'un de ces nombreux vaisseaux qui mettaient en relation le centre commercial des Portugais, dans l'Inde, avec le port d'Ormuz, le transporte dans cette dernière ville; et de là il part, au mois de juillet, avec quelques négociants asiatiques, portant lui-même le costume de marchand. Sans compagnon de route, presque sans argent, faible de santé, il ose entreprendre un voyage de cinq à six cents lieues, à travers des contrées souvent désertes, toujours barbares; ici il avait à craindre les Arabes nomades, et là les bandes indisciplinées des Perses et des Turcs; s'il parvenait à franchir sans barque les larges fleuves qu'il rencontrait et à retrouver sa route au milieu des solitudes, comment pourrait-il échapper aux dangers dont le menaçaient les bêtes féroces, le manque d'eau, la chaleur et le *simoun* qui ensevelissait sous les sables tant de voyageurs imprudents? Après avoir pris terre à Bender-Abassi, vis-à-vis Ormuz, il traversa le Laristan, contrée récemment désolée par des tremblements de terre, et franchissant, parfois à la nage, plusieurs cours d'eau, il entra dans le Kourdistan; bientôt après, échappant aux dangers dont le menaçait la lutte acharnée des troupes du sultan et du schah des Perses, il parvint à atteindre Bassorah, et, en remontant le long du cours de l'Euphrate, la riche cité de Bagdad. Là il se joint à quelques intrépides voyageurs qui, au lieu de suivre la route ordinaire des caravanes, se dirigeaient vers Mossoul. En quittant cette ville, il voyagea durant quarante jours dans un désert, où il fallut creuser plusieurs fois dans le sable

[1] Trigault, *Litteræ sinenses* (1611), p. 7 et 8.

pour trouver une eau saumâtre et bourbeuse qui pût soutenir la petite caravane et ses chameaux. L'Euphrate leur montra enfin ses rives verdoyantes, et ils ne tardèrent pas à arriver à Alep.

Dans cette ville, alors si riche et si commerçante, le père Trigault rencontra plusieurs négociants flamands qui s'y étaient établis sous la protection du consul de France. Sans doute leurs secours ne lui furent pas inutiles pour l'aider à continuer sa route, et aussi à trouver passage sur un navire qui partait du port voisin d'Alexandrette. Ce vaisseau le conduisit dans l'île de Chypre; mais là il fut réduit à monter sur une barque qui le transporta à Adalia, ville de l'Asie Mineure, d'où une autre petite embarcation le déposa à Symi, îlot voisin de Rhodes, et quelque temps après, il fut débarqué par un vaisseau dans l'île de Candie; mais là, reconnu par les Vénitiens, qui voyaient avec jalousie les Portugais s'emparer du commerce de l'Inde, il eut à craindre d'être considéré comme un espion des puissances de l'Occident. Il obtint cependant de partir sur un navire d'Amsterdam, qui le laissa malade dans l'île de Zante, et quelque temps après, malgré sa faiblesse, il débarquait à Otrante, et se dirigeait sur Rome, où il arriva vers la fin de l'année 1614. Son voyage avait duré plus de deux ans; nous avons voulu retracer rapidement l'itinéraire qu'il a suivi, afin de faire connaître tout ce qu'il y avait de ressources et d'énergie dans l'homme qui a pu affronter et vaincre tant de périls divers [1].

Rome accueillit avec enthousiasme le missionnaire zélé, le hardi voyageur qui avait traversé tant de contrées, couru tant de périls, et évangélisé des peuples si lointains; mais, presque aussitôt après son arrivée, le père Trigault fut attaqué par une maladie sérieuse qui fit désespérer de sa vie, et dont il ne se releva qu'après une convalescence de plusieurs mois. Dès que sa santé le lui permit, il présenta au Saint-Siége deux mémoires, dans lesquels il demandait l'autorisation d'employer la langue chinoise dans la

---

[1] Trigault, *De Christiana expeditione apud Sinas.* Préface. — *Id.* Lettre du n° 4169 des manuscrits de la bibliothèque de Bourgogne. — *Id.* Lettre conservée dans la bibliothèque du collége de la Compagnie de Jésus, à Anvers.

célébration des offices divins, et l'établissement d'un clergé indi-
gène, idées fécondes dont l'exécution aurait peut-être été bien pro-
fitable à la religion et à la civilisation : ses plans ne furent pas
adoptés, mais le Souverain Pontife et les congrégations romaines
lui accordèrent plusieurs faveurs exceptionnelles pour la chrétienté nouvelle. Cependant, dérobant des heures au repos de la
nuit et aux affaires du jour, il composait des écrits destinés à faire
connaître à l'Europe la Chine et les travaux des missionnaires.

Le premier ouvrage qu'il publia a pour titre : *De Christiana
expeditione apud Sinas suscepta ab societate Jesu;* édité à Augsbourg
vers le mois de juin 1615, il fut réimprimé à Lyon en 1616, à
Cologne en 1617; traduit en français par le neveu du missionnaire, et imprimé à Lille en 1617, il eut deux autres traductions
françaises publiées à Paris en 1618 et en 1620; une traduction
allemande en 1617, une italienne en 1621, et une espagnole
en 1622. Son neveu pouvait donc dire sans exagération en par-
lant de ce livre : « Toute l'Europe l'admire et l'a reçu avec grandis-
« sime contentement. » Encore aujourd'hui cet ouvrage présente
des récits curieux et importants; non-seulement il n'y a rien
de plus complet que les quatre derniers livres sur l'introduction du christianisme en Chine; mais le premier offre une description de l'empire chinois d'autant plus importante que, seul,
le père Trigault a décrit ce pays quand il était encore dans toute
sa prospérité, avant la terrible invasion des Tartares. Dans la
même année 1615, parurent encore de lui des *Lettres annuelles,*
exposé assez étendu de la situation de toutes les chrétientés de la
Chine, durant les années 1610 et 1611.

Divers souverains de l'Europe, le grand-duc de Toscane, la
reine mère de France, Marie de Médicis, les gouverneurs des
Pays-Bas, l'électeur de Cologne, les pieux princes de la maison
de Bavière, l'accueillirent avec bienveillance et le comblèrent de
présents pour sa lointaine mission. Sa ville natale ne fut pas
oubliée; le 20 février 1617, après avoir prêché à Valenciennes,
où il avait ému tous les cœurs par son éloquence, il arriva à Douai
et alla saluer le Magistrat, qui s'était réuni dans la salle aux
délibérations pour le recevoir. Nous en trouvons la preuve dans

un passage du *Registre aux Consaux,* où, sous la simplicité naïve des paroles, éclatent l'orgueil et le bonheur qu'éprouvaient les compatriotes de Trigault, en voyant plusieurs enfants de Douai se consacrer à porter la foi et la civilisation dans les contrées les plus lointaines. Voici le texte de cette délibération telle qu'elle se lit à la date du 21 février 1617.

« A esté proposé que, le jour d'hier, le père Trigault est venu « saluer Messieurs du magistrat, avec action de grâces à Dieu, pour « le bon succès de sa légation de la Chine, et arrivé en cette ville « d'un voyage si loingtain et si périlleux, à raison aussi qu'à l'hon- « neur de ceste ville il y a encore présentement un enfant de « Douay (Pierre de Spira) audit pays de la Chine, exerçant le « même office, et debvoir que lui-même y a exercé, et d'abon- « dance, que ung sien frère et son cousin de Saint-Laurent sont « choisis et délégués pour y aller, au moyen de quoi ils seront « quatre Douaisiens, nombre qui surpasse toutes les autres villes et « républiques, d'autant que de nulle part il n'en y a tant d'une « ville en ladite légation de la Chine, ni tant en apparence d'y « aller comme il y en a de ceste ville. » Le *Registre aux Consaux* ajoute que le lendemain Messieurs du magistrat et six hommes de la ville se rendirent au collége d'Anchin, où le recteur des jésuites « les avait priés de prendre patience au disner en leur maison; « en respect de quoi ils résolurent de faire présent de 3 pièces de « vin, vaillables 150 florins[1]. »

Le père Trigault se montra à sa famille et à ses amis revêtu du costume que les jésuites avaient adopté en Chine afin de paraître à la fois, aux yeux du peuple, des prêtres et des savants. Il se fit même peindre dans ce costume, ainsi que le montre son portrait conservé au musée de Douai. Le missionnaire porte au-dessus de sa soutane une longue robe noire à larges plis, dont les revers en soie verte se croisent sur la poitrine; la ceinture est aussi bordée en soie verte, ainsi que ses deux bouts flottants qui tombent jusqu'aux pieds; les chaussures sont ornées de même, et la tête est couverte d'une toque plus élevée que la barrette ordinaire. Une

---

[1] Archives de la ville de Douai. *Registre aux Consaux,* 21 février 1617.

barbe noire, qui commence déjà à blanchir, entoure le menton et les lèvres ; la figure, amaigrie, pâle et sévère, semble annoncer des fatigues, des privations et des austérités ; dans l'expression de ces traits fins et réguliers, dans ces yeux fixes, limpides et largement ouverts, il y a à la fois de l'habileté, de l'énergie et de la sainteté : c'est bien là le père Trigault, avec ses talents, son courage et sa foi. A ses côtés, sur un autel recouvert d'une étoffe chinoise est placé un cierge allumé, symbole qui rappelle sans doute les faveurs que le missionnaire avait obtenues pour la célébration des saints offices dans la chrétienté nouvelle.

Ces courses et ces prédications étaient loin d'être inutiles à la mission. Il obtint d'emmener vingt et un religieux, parmi lesquels on distinguait son frère Élie, son cousin Hubert de Saint-Laurent, et Adam Schall, si célèbre plus tard ; on lui avait aussi donné, pour l'empereur, les mandarins et les chrétiens, un grand nombre de livres et d'objets de curiosité qui étaient de nature à faire connaître les idées et la civilisation de l'Europe. Avant de quitter Lisbonne, il publia un ouvrage in-4° de 380 pages, qui a pour titre : *De Christianis apud Japonios triumphis.* On lit dans l'épître dédicatoire, adressée à Maximilien de Bavière, l'un des souverains qui s'étaient le plus intéressés à la mission : « Séré- « nissime duc, cet écrit est pour Trigault (votre bonté lui permet « de vous le dire) le dernier adieu qu'il vous laisse en partant. Il « emporte les présents de votre piété, mais il veut vous dédier cet « ouvrage comme le seul gage qu'il puisse vous laisser au moment « où il vous quitte, sans espoir de vous revoir désormais, si ce « n'est dans le séjour qu'habite l'Éternel. Lisez donc les triomphes « de la foi, et jouissez de ce que vous lisez..... Moi, cependant, « je sillonnerai de nouveau les mers, je retournerai à ma loin- « taine mission avec une nouvelle légion de prêtres qui vont aussi « prendre part aux luttes et aux triomphes des chrétiens de la « Chine et du Japon. C'est du port de Lisbonne, peu de jours « avant de reprendre la route de l'Inde, que je vous adresse cet « adieu, le 5 avril, l'an de grâce 1618 [1]. »

---

[1] *De Christianis apud Japonios triumphis... auctore P. Nicolao Trigaultio. Monachii,* 1623. Préface.

Quelques jours après, le père Trigault s'embarquait suivi de vingt et un missionnaires. La navigation fut d'abord favorable; mais, vers le milieu du mois de juin, une maladie pestilentielle se déclara dans l'équipage; les religieux se dévouèrent au service des malades, et ne furent pas eux-mêmes épargnés; le père Trigault vit périr successivement son parent le Douaisien Hubert de Saint-Laurent, Jean de Celles, de Cambrai, et deux autres de ses religieux.

Épouvanté par ces coups répétés du sort, par le spectacle désolant qu'offrait la vue de plusieurs centaines de malades, il parvenait difficilement à vaincre sa douleur et son abattement. « Pen-« dant tout ce temps, écrivait son frère, nous fusmes saisis d'une « si grande tristesse, que l'on ne pensoit au boire ny au manger. « Et de ma part jamais n'expérimentay ennuy semblable. Il fut « nécessaire donner lieu aux larmes, qui ne cessèrent tous ces « quinze jours. Le ressentiment de nostre supérieur n'en fut « moindre; nous ne pouvions nous consoler ensemble pour les « larmes qui nous faisoient perdre la parolle [1]..... » Le père Trigault et son frère furent aussi attaqués par la contagion; après de longues souffrances, ils recouvrèrent la santé. Mais à peine étaient-ils arrivés à Goa qu'Élie Trigault mourut d'une fièvre maligne.

Ce religieux avait écrit une curieuse relation de voyage dont nous venons de citer quelques lignes. Son récit s'arrête au moment où il parle de la douleur qu'il éprouvait à la vue des ravages causés par l'épidémie; après la dernière phrase, qui n'est pas même achevée, l'imprimeur a ajouté ces simples paroles, que l'on ne peut lire sans une impression de tristesse : « Ce discours est resté « imparfaict par la mort dudit frère Élie. » Le père Trigault fut vivement affecté de ce nouveau coup; il perdait un missionnaire plein d'énergie, un frère qui pouvait, jusqu'à un certain point, le consoler de la perte de sa patrie et de sa famille. Tombé malade lui-même, il dut retarder son départ pour la Chine, où,

---

[1] N. Trigault, *Lettre datée de Goa*, 19 décembre 1618. — Élie Trigault. *Petit discours écrit par Élie Trigault, contenant plusieurs belles particularitez de son voyage...* Valenciennes, 1620; page 24.

après une traversée marquée par d'affreuses tempêtes, il arriva le 22 juillet 1620.

Durant l'absence du père Trigault, de grands changements s'étaient produits dans la Chine. A l'extérieur, l'empire était déjà attaqué par les Tartares, qui avaient ravagé plusieurs provinces; et, à l'intérieur, il était menacé par les sociétés secrètes, dont la plus puissante était celle du *Nénufar blanc*. La religion chrétienne, que l'on avait voulu confondre avec cette dernière association, avait vu commencer contre elle de sanglantes persécutions. L'arrivée du missionnaire douaisien, avec plusieurs autres religieux, avec des livres apportés de l'Europe et des priviléges accordés par le souverain pontife à la chrétienté nouvelle, causa parmi les néophytes une joie universelle. La crainte des persécutions força le père Trigault de changer continuellement de résidence dans la province du Kiang-si, qu'il évangélisait, exerçant en même temps les fonctions de procureur et d'historiographe de la mission. Il dut même, en 1622, chercher un refuge à Han-Keou, dans le palais du mandarin Yâng, qu'il avait converti durant son premier séjour en Chine. La persécution s'étant calmée en 1624, il fut chargé de prêcher dans les provinces du nord-ouest, où aucun missionnaire n'avait encore pénétré. A Khaï-foung, capitale du Honan, il fit admirer aux mandarins ses connaissances en astronomie et en mathématiques, sans pouvoir les décider à entrer dans la discussion des vérités philosophiques et religieuses. Après une année environ de travaux infructueux, il tomba gravement malade, et il fut là, gisant sur une couche de douleur, sans amis, presque sans secours, manquant parfois du nécessaire, au milieu d'étrangers qui ne voyaient en lui qu'un barbare ou un ennemi. De retour à la santé, il eut enfin le bonheur de convertir un mandarin, sa famille et quelques autres lettrés. Laissant alors à un autre missionnaire cette chrétienté maintenant fondée, il s'avança plus au nord et s'établit à Kiang-tcheou, ville importante de la province de Chan-si, où un grand nombre de conversions ne tardèrent pas à le récompenser de ses labeurs. Confiant encore à un confrère plus jeune cette nouvelle résidence, il suivit un mandarin chrétien dans le Chen-si, jusqu'à la ville de Si-ngan-fou; ses lettres nous apprennent que, sans recevoir aucun secours de la Compagnie, il fonda une résidence importante dans cette ville, y fit construire, par le célèbre père Adam Schall, une grande et belle église, et y établit une chrétienté nombreuse. C'est tandis qu'il était dans cette ville que fut trouvée la fameuse pierre de Si-ngan-fou, dont le premier il déchiffra les anciens caractères chinois et syriaques, et sur laquelle il appela l'attention des lettrés. On sait ce que Voltaire a dit de cette pierre, et aussi comment M. de Rémusat et M. de Quatremère ont vengé de ses attaques la mémoire du père Trigault et des autres jésuites qui l'avaient fait connaître à l'Europe [1].

Tant d'œuvres apostoliques n'empêchaient pas le missionnaire douaisien de s'occuper de travaux littéraires. Ses voyages, ses prédications, les traductions nombreuses qu'il avait faites de livres chinois en latin et de livres latins en chinois, sa facilité prodigieuse pour les langues, ses études opiniâtres, que la maladie même ne pouvait interrompre, tout cela l'avait mis à même de parler et d'écrire la langue commune comme la langue des lettrés. Les indigènes disaient de lui qu'aucun Européen ne parlait plus facilement le chinois; et un historien des missions nous apprend que l'on trouvait dans son style cette élégance, cette harmonie, ces formes archaïques qu'affectaient les lettrés du XVIIe siècle, ces atticistes de l'extrême Orient. Le père Trigault a publié en chinois, en latin, et, nous ne savons pourquoi, en syriaque, un calendrier, dans lequel étaient mises en concordance l'année des Chinois et l'année ecclésiastique, ouvrage important pour la Chine, qui demandait un travail long et minutieux, des connaissances étendues en astronomie, et que le père Ricci et d'autres jésuites avaient entrepris sans pouvoir l'achever.

Après avoir traduit les fables d'Ésope pour former les jeunes Chinois à l'étude et aux idées européennes, il traduisit et commenta en latin les *King,* livres classiques et canoniques du premier ordre, qui jouissent, auprès des lettrés, de la plus grande

---

[1] Trigault, *Litteræ annuæ* (1620 à 1627). *Lettre inédite,* conservée dans la bibliothèque de Bourgogne. *Lettre au R. P. de Montmorency,* conservée dans la bibliothèque du collége des jésuites, à Anvers. *Passim.*

autorité. Le père Ricci avait fait le même travail pour le *Tetra-biblion;* on chargea le père Trigault de revoir et de publier cette traduction et ces commentaires.

C'est lui aussi qui composa le premier dictionnaire chinois. Afin de rendre l'étude de la langue chinoise plus facile pour les Européens, et l'étude des langues européennes plus facile pour les Chinois, il trouva une méthode dans laquelle les caractères des lettrés se rapprochent de nos caractères, de nos voyelles et de nos consonnes. Il lui avait fallu pour cela non-seulement l'immense érudition qu'exige toujours un premier dictionnaire, mais l'esprit le plus inventif pour rencontrer des rapports entre des langues essentiellement différentes, et même un immense travail matériel puisqu'il fut forcé d'exécuter lui-même ou de faire exécuter sous ses yeux tous les caractères, toutes les planches qui servirent pour l'impression. L'apparition de ce livre produisit parmi les mandarins, et surtout parmi ceux qui s'étaient occupés de grammaire, un effet qui ressembla à de la stupeur; ils ne pouvaient revenir de leur étonnement en voyant un étranger corriger ainsi les défauts de leur langue et ajouter des richesses aux trésors que leur avaient légués les siècles passés. Le président du conseil suprême voulut éditer ce livre à ses frais, et il en écrivit lui-même l'introduction. Ces éloges publics servirent puissamment la religion. Du reste, aujourd'hui encore, après tant de travaux dans lesquels l'on a profité de ce premier vocabulaire, l'œuvre du père Trigault est considérée comme importante. Klaproth dit, dans son catalogue, que cet ouvrage n'est pas moins remarquable par la singularité de son exécution typographique que par la manière ingénieuse dont les caractères chinois ont été ramenés à l'ordre des éléments de notre écriture. Il fut publié en 1626, sous le titre de *Si-jou-eul-mou-tseu,* ou *Vocabulaire disposé par tons, suivant l'ordre des mots européens,* par Ki-nni-Ko, nom sous lequel le père Trigault était connu en Chine; trois forts volumes in-4°. Dès 1627, les lettrés pressaient l'auteur d'en donner une seconde édition.

Avec ces travaux de traduction et de linguistique, le père Trigault menait encore de front des travaux historiques et philosophiques.

Les faits particuliers à la mission étaient relatés dans les *Lettres annuelles,* que, durant son séjour en Chine, il fut chargé d'écrire chaque année au général de la Compagnie. Le vice-provincial lui demanda de refondre son *Histoire de l'expédition chrestienne en Chine,* de faire un volume en développant le premier livre, qui contenait la description de l'empire, et d'ajouter aux quatre autres livres tout ce qui s'était passé dans les dix-sept années écoulées depuis la mort du père Ricci. L'œuvre historique la plus importante du père Trigault est celle qui a pour titre : *Annales de la Chine;* et il nous apprend lui-même qu'il avait lu, étudié et dépouillé un ouvrage en cent vingt volumes, composé d'après les mémoires que les mandarins écrivent à la mort de chaque roi; que le tome premier, qui s'étendait jusqu'à la naissance du Christ, formait un in-folio qui contenait autant de matière qu'un volume des Annales de Baronius, et que les trois autres étaient presque achevés. Si cet immense travail, que nous ne connaissons que par l'abrégé du père Martini, se trouve encore en Europe, il serait à désirer qu'on publiât ces Annales, qui seules pourraient combler l'une des lacunes les plus importantes qui existent dans l'histoire de l'humanité. C'est peut-être aussi au jésuite douaisien, et peut-être au père Didace Pantoja, que la Chine doit l'ouvrage de philosophie et de morale qui a pour titre : *Tsi-Ke* ou *les Sept Victoires.* Écrit en chinois, à la manière antique, ce livre est remarquable par la force et la concision du style, et surtout par la vérité et l'élévation des pensées. Les Chinois le regardèrent comme un écrit très-important; en 1775, le savant empereur Kien-Long le comprit au nombre des quatre ouvrages écrits par des Européens qu'il fit entrer dans la collection des meilleurs livres qui avaient été publiés; et le prince Jean, en rendant compte des motifs de sa conversion, dit qu'elle a été surtout opérée par la lecture des *Sept Victoires.* Ce dernier témoignage eût comblé de joie l'auteur de cet ouvrage; avant tout c'était pour Dieu, pour la conversion des Chinois qu'il écrivait.

Et ce n'était pas seulement en composant des ouvrages que le père Trigault était utile à la mission, c'était aussi en les imprimant. Il avait établi à Kiang-keou, à Si-ngan-fou et à Han-keou, de vastes ateliers et des presses, d'où sortaient un grand nombre de livres chinois ou latins ; des néophytes continuèrent, même après sa mort, à éditer des ouvrages qui se répandirent dans toute la chrétienté ; et, en 1661, on trouvait encore dans ces villes les planches qui avaient servi trente ou quarante ans auparavant. On le voit, le père Trigault était de la patrie des Bellère, ces célèbres imprimeurs douaisiens.

Ces immenses travaux littéraires, accomplis au milieu de voyages, de fatigues et de prédications de tous les jours, avaient presque complétement usé la vie du missionnaire, quand fut agitée la fameuse question des rites.

Il était convaincu, et les événements devaient prouver, un siècle plus tard, qu'il avait raison, il était convaincu que la condamnation des cérémonies et des expressions contestées serait une cause d'affaiblissement, de ruine et de mort pour les chrétientés nouvelles. Aussi il se crut obligé, en conscience, de s'occuper de ces questions avec une ardeur que ne purent refroidir ni les années, ni le mauvais état de sa santé, ni ses immenses occupations. En 1628, les missionnaires jésuites se réunirent à ce sujet, et, sans résoudre définitivement la question, ils tendirent à proscrire les rites tolérés jusqu'alors.

Ce résultat attrista profondément le père Trigault ; déjà fatigué auparavant, il était accablé par les études qu'il venait de faire pour ces dernières discussions, par la pensée qu'un coup mortel était porté à la chrétienté ; et il s'entendait reprocher par ses confrères l'animation excessive qu'il apportait dans la lutte et la douleur dont il donnait publiquement les marques. Son organisation fut vivement ébranlée par ces violentes secousses, une fièvre ardente se déclara ; dans son délire, on l'entendait parler des rites et des malheurs de la mission. La fièvre se calma enfin ; mais les forces et la raison ne revenaient que peu à peu ; cependant, dans les derniers mois de 1628, il paraissait reprendre un peu de vigueur, et il fit même imprimer en chinois une histoire de la chrétienté. On pouvait espérer conserver ce courageux apôtre, qui, âgé seulement de cinquante-deux ans, était capable de rendre encore bien des services ; mais c'était une existence brisée avant le temps par les voyages et les fatigues, par la prédication et l'étude, par le zèle et la douleur.

Le 14 novembre 1628, jour de deuil pour la mission, le père Trigault se rendit à la chapelle pour célébrer la sainte messe; avant de revêtir les ornements sacerdotaux, frappé par une sorte d'avertissement d'en haut, par l'un de ces pressentiments que Dieu donne parfois à ses élus, il appela l'un de ses confrères, voulant, disait-il, se confesser sur-le-champ, comme s'il était à sa dernière heure; il reçut le sacrement de pénitence, il monta à l'autel et célébra le saint sacrifice de la messe avec une ferveur toute particulière. Pour faire son action de grâce, il alla s'agenouiller sur un pupitre en bois placé dans le chœur, et il y pria longtemps, la tête cachée dans les mains. Étonné de le voir rester dans la chapelle plus longtemps que de coutume, un autre missionnaire l'appela; il ne répondit pas; il lui toucha les mains et la tête, la tête et les mains retombèrent pâles et inertes; le père Trigault avait rendu son âme au Seigneur au moment où il venait de se confesser et de célébrer la sainte messe; prêtre et missionnaire, il s'était éteint doucement au milieu de ses néophytes et près de l'autel de son Dieu. Le Maître suprême lui avait donné ce bonheur sur la terre, avant de lui accorder la récompense éternelle aux cieux.

Nous avons cru qu'il n'était pas inutile de faire connaître la vie et les œuvres d'un homme qui a rendu tant de services à la foi et à la civilisation, qui a composé des ouvrages si importants sur la Chine, maintenant surtout que la grande muraille légale qui fermait cette contrée vient d'être renversée, maintenant que nos intrépides soldats viennent de replacer sur le sommet de l'ancienne église des jésuites de Péking, et la croix et le drapeau de la France.

IMPRIMERIE IMPÉRIALE. — 1864.